मेरे मन के कोने से

मंजू सागर

ISBN 979-8-89133-773-2

DEDICATION

प्रिय पाठकों,

इस काव्य संग्रह को मैं अपने बच्चों को समर्पित करना चाहती हूँ क्यूंकी इसको लिखने में जो भी समय मैंने लिया है उस पर सबसे ज्यादा अधिकार उनका ही है। इस पुस्तक को लिखने के कारण मैं उनको पूरा समय नहीं दे पाती क्यूंकी पूरे दिन ऑफिस में रहने के बाद शाम को कुछ समय कविताओं में निकल जाता था और उनको कम ही समय दे पाती थी। इसलिए मैं ये पुस्तक अपने बेटी भूमिका और अपने बेटे वैभव को समर्पित करना चाहती हूँ।

अनुक्रम

PREFACE

"मेरे मन के कोने से" एक काव्य संग्रह से ज्यादा, भावों को व्यक्त करने का एक छोटा सा प्रयास है। इसमे मैंने प्रेम में संयोग-वियोग, आशा-निराशा तथा उतार- चड़ाव के बारे में बताया है। साथ ही साथ जीवन के अलग अलग पहलुओं के उतार चड़ाव के बारे में बताया गया है। मेरा मानना है कि मन में जो भाव आए चाहे वो जैसे भी हों उन्हे व्यक्त करना चाहिए। इस पुस्तक में जो भी विचार या भावों को मैंने बताया है वे केवल मेरे मन की ही नहीं ये हर स्त्री के मन के भाव हो सकते हैं।

अधिकतर महिलायें अपने मन के भावों को व्यक्त नहीं कर पाती हैं चाहे वे प्रेम भाव हों या क्रोध भाव या फिर कोई प्रेरणात्मक भाव क्यूंकी उनके भावों को उतना महत्व नहीं मिलता। इसलिए वे खामोश हो जाती हैं। मैं भी उन में से ही एक हूँ। मगर इस बार मैंने ऐसी खामोश आवाजों को अपने मन के भावों से व्यक्त करने का प्रयास किया है।

इस जीवन की भाग दौड़ में हम अपने ही मन की आवाज को कहीं खो देते हैं और थोड़े से उथल पुथल से ही घबरा जाते हैं।

इस पुस्तक में मैंने उन भावों से रु बरु कराने का प्रयास किया है जो मेरे मन के कोने से व्यक्त हुए हैं। जब आप इन कविताओं को पड़ोगे तो ऐसा महसूस करोगे कि जैसे ये आपके मन के ही भाव हों।

इसी के साथ मैं "नोशन प्रेस" तथा आप सभी का आभार व्यक्त करती हूँ साथ ही आपको धन्यवाद देती हूँ।

तुम्हारा साथ

प्रिये मुझे कुछ ऐसे,
चहिये हर पल तुम्हारा साथ
कभी तो बिन कहे ही,
समझो मेरे मन की बात
ये जरूरी तो नहीं कि तुम,
साथ रहो मेरे दिन रात पर
पर जब भी मिलो हमें,
खुल रखो दिल के ज़ज़्बात।

धड़कनों को सिकोड़ कर,
अब तक हमको क्या मिला
न तो तुमको कुछ दे सके,
और न ही कुछ हमको मिला
इन दूरियों का हो न जाए,
कहीं कोई घातक सिला
आओ खत्म कर दो प्रियतम,
इन दूरियों का सिलसिला।

क्या कभी सोचा है तुमने,
मैंने कितने जज़्बात दबाए हैं
बस इस इंतजार में कि,
पहले तुम ही कहो कभी
मुझको न अच्छी लगे,
ये जो तुम्हारी मर्यादाएं हैं
पास आके कभी वो भी सुनो,
जो हम दिल में कब से छुपायें हैं।

ये मिलन हमारा केवल,
जिस्मों तक तो है सीमित नहीं
मैं सदा ही तैयार हूँ,
तुम ले जाओ मुझे चाहे कहीं
मुझे पता नहीं ये कैसा,
प्यार है तुम्हारा प्यारे
हमको पता है कि तुम,
हमें लेकर भी जाओगे नहीं।

कदम से कदम मिलने को,
तुम्हारे मैं हमेशा तैयार हूँ
तुम कहो चलो प्रियतमा मैं,
ये सुनने को कब से बेकरार हूँ
मगर तुम्हारी ज़िंदगी में,
मैं कोई जरूरी हूँ नहीं
इन्हीं शर्तों पर मैं बस,
तुमको सदा ही स्वीकार हूँ।

क्यूँ और किसने बनाईं हैं,
प्यार की ये जो हैं रस्में
बंधन के रूप में हमको,
दी जाती कितनी हैं कसमें
कोई तो अति होगी अब,
इन शर्तों और बंधनों की
छोड़ के इन शर्तों को,
प्यार भर लो इस जीवन में।

मोहब्बत मे

इधर भी तड़पना है,
और उधर भी तड़पना है
मोहब्बत में कभी मिलना,
कभी मिलकर बिछड़ना है
नहीं आसान होते हैं यहाँ,
रास्ते मोहब्बत के
कभी गिरना यहाँ पर है,
कभी मिलकर संभलना है।

तुम्हें हम याद कर कर के,
पागल हो गए हैं
ना जाने कहाँ कैसे,
सभी रास्ते खो गए हैं
मगर खोना नहीं तुम को,
तुम्हें बाहर निकलना है
कभी गिरना यहाँ पर है,
कभी गिर कर संभालना है।

तू मेरा दीवाना है,
ये मैं तो जानती हूँ
मैं तेरे प्यार की मारी हूँ,
हाँ ये भी मानती हूँ
अब झुकना नहीं रुकना नही,
हमें हद से गुजरना है
कभी गिरना यहाँ पर है,
कभी गिर कर संभलना है।

लोग कभी पगली कहते हैं,
कभी दीवानी कहते हैं
बेपरवाह लोक लाज से,
मुझे मस्तानी कहते हैं
कोई रोको नहीं टोको नहीं,
मुझे अब डूब जाना है
कभी गिरना यहाँ पर है,
कभी गिर कर संभलना है।

है खबर मुझे ये भी,
के इम्तेहान रोज आएंगे
गर तू साथ दे मेरा,
पार इन्हे कर ही जाएंगे
लिखेंगे साथ मिलकर हम,
मोहब्बत का अफसाना
कभी गिरना यहाँ पर है,
कभी गिरकर संभलना है।

मुझे परवाह न काँटों की,
मुझे चाहत है न फूलों की
नहीं आसान होती है,
प्यार की राह है शूलों की
शूल हों कितने भी चाहे,
हमें इस पर ही चलना है
कभी गिरना यहाँ पर है,
कभी गिरकर संभलना है।

तू देख मेरी हालत,
कैसी बाबरिया बन गई हूँ
कल भी प्यार में पागल थी,
आज भी तेरी दीवानी हूँ
एक बार देख ले मुझे
फिर चाहे चले जाना
कभी गिरना यहाँ पर है,
कभी गिर कर संभलना है।

अधूरी बात

मन में जो बात अधूरी है,
ये जो मुलाकात अधूरी है
आओ इसे पूरा कर लो,
बाहों में अपनी मुझे भर लो।

क्यूँ दबा रखी हैं इतनी बातें,
अपने दिल में तुमने छुपाके
निकालो कभी मन के बिल से,
अपनी उन बातों को
क्या तुमको पता है ये,
उन्हे मैं कब से सुनना चाहती हूँ।

आओ बैठो पास आकर,
मेरे दिल से दिल मिलाकर
मैंने तन मन को गवा कर,
फिर तुमको पाया है कहीं जाकर
अब न आने दो कोई दूरी,
अब न हो ऐसी कोई मजबूरी।

मन मे हो गर कोई शिकवा,
कह दो तुम मुझसे खुलकर
ये दिल जुदा न हो दिल से,
सदा दिल से दिल रहे मिलकर
न जाने दो मुझे दूर खुद से,
और न जाओ तुम मुझसे दूर।

हाँ मैं तो हूँ ऐसी ही,
ये तो तुम जानते हो
पर प्यार करती हूँ तुम्हीं से,
बहुत ये तो मानते हो
हूँ थोड़ी सी पगली भी मैं
पर मैं केवल तुम्हारी हूँ।

है गुस्सा भी तुम्हीं से मुझे,
और प्यार भी है तुम्हीं से
कभी तो समझ लिया करो,
मन की बात मन ही से
क्या तुम समझते हो नहीं,
या यूं ही इग्नोर करते हो।

जिक्र मोहब्बत का

जब भी मोहब्बत का जिक्र होगा जहां में,
मेरे लव पे सदा तेरा नाम आएगा
ये चाह लिए बस जिए जा रहे हैं हम,
ये दिल भी कभी तेरे काम आएगा।

ये ज़िंदगी आसान नहीं है तेरे बिन,
कभी करीब आके मेरे दिल की सुन
पर तू है न जाने किस दुनिया में गुम,
तू है मेरा दिल और तू ही है धड़कन।

जब तू हमें अकेला छोड़ के चल गया,
तेरे जैसे हमको कोई मिला नहीं नया
इस जन्म कि छोड़ो हमने तो कई जन्मों तक,
तुमको ही चुना तुमको ही अपना लिया।

ये बात अलग है कि दूर है हम और तुम,
मगर नहीं हो तुम अलग और न ही अलग हम
तुम क्या जानो कितने मजबूर हैं हम,
जीना चाहते हम तो तेरे साथ जन्मों जन्म।

चलो जन्मों तक नहीं आज में ही आ जो,
कुछ साथ चलो मेरे थोड़ा साथ निभा जाओ
क्यूंकी जन्म तो नहीं देखे मैंने और पता न क्या हो,
आज रहो तुम साथ मेरे और आज में ही जी जाओ।

तेरा नाम सुनकर ही मन मे हो जाती है हलचल,
नदिया की तरह धड़कन करने लगती है कलकल
क्या पता था नहीं होगा इस मोहब्बत का कोई कल,
खुद को ही खो दिया पर तुमको न कर पाए हासिल।

कितने मजबूर

कितने मजबूर हैं हम तेरी मोहब्बत में,
न दूर रहा जाता है न पास आ सकते हैं
तुम याद रखो या भूलो मगर जान लो,
तुमको न भूला जाता है न ही याद कर सकते हैं।

है खबर मुझे ये भी मेरे प्यार में तू भी पागल है,
इस लोक लाज के खातिर ही दिल तेरा मेरा घायल है
मेरी चाह तो ये भी है तेरे दिल में रह लूँ जाकर
रोक लेती है मुझे ये पैरों में बधी जो पायल है।

कई जख्म दिए तूने मुझको कई दर्द दिए तूने मुझको,
कभी मरहम बनके भी आजा कभी दवा भी दे जा मुझको
कहीं खत्म न हो जाएं सासें कहीं खत्म न जाएं आसे
मैं तेरी हूँ बस तेरी कहीं भी साथ ले जा मुझको।

मैं बन जाऊँ चैन वो जो गले में तेरे रहती है,
या बन जाऊँ वो घड़ी जो हाथ में तेरे रहती है
निर्जीव ही हूँ मैं बिन तेरे निर्जीवों जैसे रहती हूँ,
जो छू ले तू मुझे हाथों से हो जाऊ सजीव मैं कहती हूँ।

कोई ऐसी दुनिया हो कोई ऐसा हो जहां
हो प्यार मोहब्बत केवल कोई द्वेष न हो वहाँ
न कोई मजबूरी हो न कोई ऐसी दूरी हो,
तू हो मैं हूँ और प्रेम ही प्रेम हो वहाँ।

मैं प्यासी तेरी आँखों की ये प्यास नहीं ऐसी वैसी,
तू बिठाले मुझको आखों में और प्यास बुझा दे मेरी
न शर्तें हैं न कसमें हैं न वादे हैं न रस्में हैं
जैसा तूने देखा मुझको मैं हूँ केवल तेरे जैसी।

ए काश

काश जाते हुए तुमने मुझे,
जाने से रोका होता
न जाओ यूं रूठ कर तुम,
ये कह कर कभी टोका होता
एक आहट पर ही तेरी,
रुक जाती मैं गर
तुमने जो कभी मुड़कर भी,
एक बार मुझे देखा होता।

मैंने प्यार किया तुमसे इतना,
विश्वास किया तुम पर इतना
शायद ही तू ये जान पाए,
तुझे प्यार किया मैंने कितना
तुमने भी मुझ पर थोड़ा तो,
कभी एतबार किया तो होता।

काश जाते हुए तुमने मुझे
जाने से रोका होता।

झूठे वादे कर तोड़ किए,
और सितम पर सितम किए
तू न जाने दिल पर मेरे,
कितने तूने हैं घाव दिए
इन घावों पर आकर तूने,
कभी मरहम तो फेरा होता।

काश जाते हुए तुमने मुझे
जाने से रोका होता।

तेरी हर बात है याद मुझे,
वो खास हो या नाखास
साथ होकर भी तू मेरे,
न होता था मेरे पास
मैं मन की सब तुझसे कहती
कभी तू साथ मेरे बैठा होता।

काश जाते हुए तुमने मुझे
जाने से रोका होता।

आज की राधा

मैं आज के युग की राधा हूँ,
मुझे कौन कौन स्वीकारेगा
मैं भी एक प्रेम दीवानी हूँ,
मुझे क्या क्या नाम पुकारेगा।

न परिभाषित मुझे प्रेम करो,
मुझसे बेहतर कौन जानेगा
है कौन मेरा प्रियतम प्यारा
भला कौन इसे पहचानेगा।

मैं भी एक प्रेम दीवानी हूँ
मुझे क्या क्या नाम पुकारेगा

तन और मन मैंने बाँट लिए,
कोई क्या जाने क्या दर्द सहे
क्या खबर थी मुझको एक दिन ये,
तन और मन भी बंट जाएगा।

मैं भी एक प्रेम दीवानी हूँ
मुझे क्या क्या नाम पुकारेगा

तन का स्वामी हो कोई मगर,
मन का तो प्रियतम प्यारा है
बिन लालच के रिश्ते को
क्या ये संसार स्वीकारेगा

मैं भी एक प्रेम दीवानी हूँ
मुझे क्या क्या नाम पुकारेगा।

झूठी मुस्कान

सब कहते हम अच्छा मुस्कराते हैं,
पर उनको क्या खबर क्या क्या गम छुपाते हैं

साथ चलने का जो वादा कर रहे हैं,
वो ही सफर मे छोड़ जाते हैं।

मुस्कराहट देना तो दूर की बात है,
वो बार बार हमको रुलाते हैं।

जख्मों को क्या ही सिलेंगे ये लोग,
जो रोज नया जख्म दे जाते हैं।

हम जिनकी सलामती की दुआएं मांगते हैं,
वो ही पीछे से छुरा भोंक जाते हैं।

जो एक एक गलती गिनते हैं हमारी,
हम उनकी गलती को इग्नोर किए जाते हैं।

सफर में कहीं भी छोड़ कर जा सकते हैं जो,
हम फिर भी उनका साथ निभाते हैं।

जब भी उनके साथ की जरूरत हो हमको,
खुद को हम अकेला ही खड़ा पाते हैं।

गिराने वालों की कमी कहाँ है यहाँ,
इसीलिए खुद ही संभल जाते हैं।

सब कहते हैं हम अच्छा मुस्कराते हैं,
पर उनको क्या खबर क्या क्या गम छुपाते हैं।

वे गलियाँ

जब भी गुजरे उन गलियों से,
जहां साथ तुम्हारा होता था
हर बार हुई आहट तेरी,
एहसास तुम्हारा होता था।

कभी हौले से सुन लेती हूँ,
जो बातें कहीं थीं तूने मुझसे
लगता है वो सब गूंज रहा,
जो वार्तालाप हमारा होता था।

हर बार हुई आहट तेरी
एहसास तुम्हारा होता था।

जब छूती हैं मुझको ये हवाएं,
लगता है तूने मुझे छुआ
तेरे बिन सब गुल मुरझाए हैं,
तेरे होने से गुलजार गुलसतां होता था।

हर बार हुई आहट तेरी
एहसास तुम्हारा होता था।

बारिश तो अब भी होती है,
पर बूंद नहीं पहले जैसी
जब बूंद बदन पर गिरती थी
बस ख्याल तुम्हारा होता था।

हर बार हुई आहट तेरी
एहसास तुम्हारा होता था।

मन हारे हम

मन भी हारे हम तन भी हारे हम,
दुख तो इस बात का है हमको सनम,
इतना कर के भी तुम न हमारे हुए।

तन भी मन भी तुम्हारे हवाले किया,
क्या बयाएं तुम्हें हमने क्या क्या दिया,
फिर भी तुम न हमारे हवाले हुए।

मन भी हारे हम तन भी हारे हम

जब चाहा सफर में तन्हा छोड़ दिया,
तूने जब चाहा दिल मेरा तोड़ दिया,
तू क्या जाने दिल के कितने टुकड़े हुए।

मन भी हारे हम तन भी हारे हम

जग छोड़ा है सारा तुझको अपनाया है,
पर समझ अब तक ये हमें न आया है,
फिर भी क्यूँ हम हमेशा पराए हुए।

मन भी हारे हम तन भी हारे हम

तेरी सूरत बसी है दिल में मेरे,
बता कैसे जियूँ मैं यहाँ बिन तेरे,
सोचता तू क्यूँ नहीं है रुलाते हुए।

मन भी हारे हम तन भी हारे हम,
दुख तो इस बात का हमको सनम,
इतना करके भी तुम न हमारे हुए।

कैसे बताएं

कैसे बताएं हम कि,
कैसे जिया जाता
मोहब्बत में गर कोई,
राह में यूं बिछड़ जाता है
टुकड़े हुए दिल के मेरे,
ये जानकर यारों
करे अफसोस भी न,
जो तुम्हें यूं छोड़ कर जाता।

निकले सभी कसमें,
और वादे तेरे झूठे
जैसे तू मुझे रूठा,
किसी से कोई न रूठे
यही फ़रियाद करती हूँ,
मैं हर पल तेरे खातिर
मेरा दिल तो टूटा है,
मगर तेरा दिल नहीं टूटे।

प्रेम की आग में तेरी,
सदा हम जलते रहते हैं
मन में हो कोई शिकवा,
मगर लव से न कहते हैं
कभी तू सोच कर देखे,
मेरे दिल की जो हालत है
दुखों का सागर हैं मन में,
मगर मुसकाते करते हैं।

बारिश की ये शामें तो,
मुझे ज्यादा जलाती हैं
साथ में ये हवाएं भी,
कुछ सितम सा ढाती हैं
मैं चाहे सोचूँ कितना भी,
मगर ये हो नहीं सकता
ये दोनों साथ में तेरी,
याद ज्यादा दिलाती हैं।

तेरी मुरली

तेरी मुरली की धुन सुनकर,
मैं हुई बाबरी जाती हूँ
चाहे कितना रोकूँ खुद को,
पर रोक कहाँ मैं पाती हूँ।

ग्वाला वाला पंछी गायें,
सब तेरी मुरली सुनने को आयें
कोई क्या जाने ये धुन सुनकर,
वो कौन सा आनंद पाएं
मैं भी उनसे ही एक हूँ,
मैं भी सुनने आ जाती हूँ
चाहे कितना रोकूँ खुद को,
पर रोक कहाँ मैं पाती हूँ।

ये तो है तेरा शौक मगर,
तुम क्यूँ इतना इतराते हो
ये धुन मुरली की सुनाने को,
भी तुम मुझे सताते हैं
चाहे कहीं बजा तू मुरली अपनी,

मैं हिरदय से सुन पाती हूँ
चाहे कितना रोकूँ खुद को
पर रोक कहाँ मैं पाती हूँ

मैं तेरी मुरली बन जाऊँ,
तू जहां जाए मैं वहाँ जाऊँ
जहां देखूँ मैं तुझको पाऊँ,
तुझे देख देख मैं हर्ष आऊँ
ये प्रार्थना लेकर के मन में,
हर रोज मैं मंदिर जाती हूँ
चाहे कितना रोकूँ खुद को,
पर रोक कहाँ मैं पाती हूँ।

तू मुझको जब बुलाता है,
वादा करके खुद भूल जाता है
घंटों तक मुझे बैठाता है,
फिर भी नहीं तू आता है
तू तो कह के भूल जाता है
पर भूल कहाँ मैं पाती हूँ
चाहे कितना रोकूँ खुद को,
पर रोक कहाँ मैं पाती हूँ।

मैं तेरे आने की राह तकुं
चाहके भी तुझ को रोक न सकूँ
तू क्या जाने इस पीड़ा को,
जो तेरे वियोग में मैं सहूँ
तू कितना भी निर्मम बन जा,
तुझे देख कर मैं मुसकाती हूँ
चाहे कितना रोकूँ खुद को,
पर रोक कहाँ मैं पाती हूँ।

तेरे कोमल पावों की आहट,
मुझ तक तो आ जाती है
जब तू न हो प्रियतम मेरे,
मन को विचलित कर जाती है
तेरे प्रेम की विचलन में भी,
प्यारा सुकून मैं पाती हूँ
चाहे कितना रोकूँ खुद को,
पर रोक कहाँ मैं पाती हूँ।

तेरी मुरली की धुन सुनकर,
मैं हुई बाबरी जाती हूँ
चाहे कितना रोकूँ खुद को,
पर रोक कहाँ मैं पाती हूँ।

बंधन

जहां बंधन हो जंजीरें हों,
वहाँ कहाँ प्रेम हो पाता है
जो जीता ही हो शर्तों पर,
वह कब साथ निभाता है
न उम्मीदें न आशा है,
हर एक कदम पर बाधा है
पर ये समझो सीमाओं में,
क्या कभी प्रेम बंध पाता है।

ये खुले गगन का तारा है,
ये तो स्वयं ही चमकेगा
ये ऊंची उड़ान का पंछी है,
पिंजरा खुलते उड़ जाएगा
बादल कितना भी काला हो,
एक दिन तो छँट ही जाता है
पर ये समझो सीमाओं में,
क्या कभी प्रेम बांध पाता है।

यहाँ सारे लोग हैं मतलब के,
मतलब के सारे नाते हैं
जितना जिसका मतलब हो,
बस उतना साथ निभाते हैं
सदा दूर रहो पर उनसे तुम,
वह एक दिन छोड़ ही जाता है
पर ये समझो सीमाओं में,
क्या कभी प्रेम बंध पाता है।

नफरत के कितने रूप यहाँ,
कभी धर्म कभी जाति है
दुनिया पाले है नफरत को,
कहाँ प्रेम समझ वो पाती है
वह दिखता साधु है जैसा,
पर नफरत वह फैलाता है
पर ये समझो सीमाओं में,
क्या कभी प्रेम बंध पाता है।

वह कहाँ प्रेम को समझेंगे,
जो खुद नफरत फैलाते हैं
लाखों कोशिशें कर के भी,
नहीं प्रेम बांध वो पाते हैं
नफरत तो थोड़े दिन की है,
पर अमर प्रेम हो जाता है
पर ये समझो सीमाओं में,
क्या कभी प्रेम बंध पाता है।

ज़िंदगी एक किताब

ज़िंदगी एक किताब है,
न जाने कितनी बातों का हिसाब है
अभी तो जाने कितने मोड़ बाकी हैं,
ये तो बस इन मोड़ों का एक पड़ाव है।

हर पन्ना इस किताब का नया है,
कुछ आना है बाकी कुछ अभी गया है
पर तैयार रहना है हर कसौटी के लिए
फिर चाहे कैसा भी समय का बहाव है।

ज़िंदगी एक किताब है
न जाने कितनी बातों का हिसाब है।

कभी हसाती है कभी रुलाती है,
कभी पास आती है कभी दूर जाती है
जाने कितने रंग अजीब हैं इसके,
रास्तों पर इसके बड़े ही उतार चढ़ाव हैं।

ज़िंदगी एक किताब है
न जाने कितनी बातों का हिसाब है।

अपने परायों का रंग दिखाती है,
खुदगर्ज रिश्तों की हकीकत बताती है
न जाने कितनी बार ये देखा है हमने,
झूठा ही हर रिश्ते का लगाव है।

ज़िंदगी एक किताब है
न जाने कितनी बातों का हिसाब है।

निस्वार्थ प्रेम की बात करते हैं सब,
पर ढू ढे से न मिलेगा तुम्हें एक भी अब
प्रेम बदला है या फिर लोग बदले हैं
समझ नहीं आता ये कैसा बदलाव है।

ज़िंदगी एक किताब है
न जाने कितनी बातों का हिसाब है।

कभी गिरना है कभी चलना है,
इस भीड़ से आगे निकलना है
हम कदम नहीं कोई तो क्या हुआ,
बड़ा दिया मंजिल की ओर अब ये पाव है।

ज़िंदगी एक किताब है
न जाने कितनी बातों का हिसाब है।

गिराने वालों की कमी नहीं,
उठाने वाला कोई एक नहीं
इतनी खुदगर्ज है ये दुनिया,
कि इसका न कोई हिसाब है।

ज़िंदगी एक किताब है
न जाने कितनी बातों का हिसाब है।

गैरों की बात नहीं है ये,
जाने अपने ऐसे कितने होंगे
दो चेहरे सब ने लगा लिए,
हर चेहरे पर यहाँ लगा नकाव है।

ज़िंदगी एक किताब है,
न जाने कितनी बातों का हिसाब है
ज़िंदगी एक किताब है।

पुरुष

पुरुष कौन है,
इसको पुरुष बनाया किसने,
हम स्त्रियों ने,
वो ज्यादा ताकतवर है,
ये बताया किसने,
हम स्त्रियों ने।

जब पुत्र का जन्म हुआ,
तो खानदान को वारिस मिल गया
वो कोई और नहीं माँ ही है,
जिसने बेटी से हमेशा दो बादाम
ज्यादा दिया उसको।

फिर क्या हुआ पैदा होने लगी,
पुरुषत्व की भावना कि
कितना खास हूँ मैं
रक्षा बंधन आया तो कहा,
भाई तुम्हारी रक्षा करेगा।

कभी ये नहीं कहा कि,
बेटी स्वयं की रक्षा सीखो
फिर सीना और भी चौड़ा गया
बेटा का और ये कहने लगा
मैं करूंगा तेरी रक्षा।

बड़ा हुआ तो शादी हुई,
हाथ जोड़ पत्नी के पिता ने कहा
आज से आपकी अमानत है ये
अब आप ही ध्यान रखना इसका
एक स्त्री के स्वामी बन गए अब।

करवा चौथ पर पत्नी ने
लंबी आयु के लिए व्रत रखा
मैं तो खाना खा लेता हूँ
नहीं इंतजार मुझसे होता
व्रत मैंने तो नहीं तुमने रखा है।

इतना भी नहीं सोचता है
आज थोड़ा लेट ही खा लेंगे
हमने सब के लिए व्रत रखे
पिता भाई पति और बेटा
कभी मेरे लिए भी कोई रखेगा।

कहीं जाने कि गर बात हुई
किसी पुरुष का साथ जरूरी है
मर्यादा की लक्ष्मण रेखा
हर बार खिची ही रहती है
हर बार हवाला मिला मुझे।

ये दाएरे हमने ही बनाए हैं,
नहीं सारा दोष पुरुष का है
अब बताओ कि पुरुष को
पुरुष बनाया किसने
उसको हर बार बड़ा होने का
एहसास दिलाया किसने
हम स्त्रियों ने।

है वक्त अभी गया नहीं
खुद को मजबूत बनाओ तुम
नहीं सबको खुश करना है तुम्हें
खुद अपने रूल बनाओ तुम
तुम अपने अंदर मन को झाँको।

आत्म शक्ति को पहचानो
नहीं कोई पुरुष है हो सकता
जो हो जाए तुमसे श्रेष्ठ
दिखला दो इन पुरुषों को
वी आर द बेस्ट।

प्यास

न जाने क्यूँ इन आखों में,
आज भी एक प्यास है
न जाने क्यूँ मन भीतर से,
लगता आज भी उदास है
जिस राह पर चले जा रहे हैं
पता नहीं क्या मंजिल हो उसकी
पर फिर भी मन ये कहता है,
नहीं छोड़नी तुझको आश है।

साथी ढूंढा पर मिला ही नहीं,
लोगों से हमको अब गिला भी नहीं
दोस्ती का रहा सिलसिला भी नहीं
क्या हुआ गर जो मांगा मिला भी नहीं
लगा पीछे मेरे काफिला भी नहीं
गर ज्यादा नहीं है तो क्या हुआ
थोड़ी सी खुशी तो मेरे पास है।

पर फिर भी मन ये कहता है
नहीं छोड़नी तुझको आश है।

है रास्ता कठिन और मंज़िलें भी दूर
चाहे डगर मे हो तेरे मुश्किलें भरपूर
न होना कभी तू थकन से चकना चूर
न मन में लाना तू सफलता का गुरूर
न बनने दे किसी चोट को बड़ा नासूर
विजय पाने का है बस यही दस्तूर
गर कहीं असफल तू हो भी गया
मगर असल ज़िंदगी में तू पास है।

पर फिर भी मन ये कहता है
नहीं छोड़नी तुझको आश है।

स्वाभिमान

स्वाभिमान नहीं तो क्या जीना
ये मान नहीं मैं तज सकती।

जहां मान नहीं हो जीवन में,
उस जीवन का कोई मोल नहीं।
मेरे लिए तो इससे बड़ कर,
सारी दुनिया मे कुछ अनमोल नहीं।

वो कहते ये जिद तज दो,
स्त्री का कोई स्वाभिमान नहीं।
लेकिन मैंने भी ये ठाना है,
जहां मान नहीं वहाँ जान नहीं।

इतने रिश्तों में बांधी मैं,
मैं घर कोई सामान नहीं।
हर रिश्ते में कुछ कर्म मिला,
नहीं मिला तो बस एक मान नहीं।

संग संग चलने की कसमें लीं,
रस्ते में पीछे मुझे छोड़ दिया।
अधिकार कभी जो मांग लिया,
घुर्रा के देखा और मुंह मोड़ लिया।

न पापा की परी न माँ की गुड़िया हूँ मैं,
तो छोड़ो खेलना मुझसे अब।
मैं किसी के सपनों की रानी भी नहीं,
स्त्री हूँ मैं केवल ये सुन लो सब।

बिन पानी के मछली न रहे,
बिन खुशबू के भँवरा न रहे।
इस मानव जीवन को पाकर भी,
स्वाभिमान बिना कोई कैसे रहे।

मैं तो उन पेड़ों के जैसी हूँ,
जो सबको फल ही देते हैं।
फल खाते हो छाव लेते हो,
फिर उसको ही कटवा देते हैं।

गैरों का सारा दोष नहीं,
अपनों का दुख ही काफी है।
पर जाने दो सिकवे छोड़ो,
मेरा आत्म विश्वास ही काफी है।

मैं घर कि अन्नपूर्णा हूँ,
मैं ही ग्रह लक्ष्मी दुर्गा हूँ।
इतने सारे हैं नाम मेरे,
मैं ही राधा मैं सीता हूँ।

क्या है मेरा कुछ भी तो नहीं,
हर घर मेरा पराया है।
फिर मायका हो या ससुराल,
किसने दिल से मुझे अपनाया है।

चाहे हो परिस्थति कैसी भी,
हर बार अग्निपरीक्षा मेरी है।
हर कदम पर आलोचक है मेरा,
हर बार समीक्षा मेरी है।

नहीं अग्नि परीक्षा देनी अब,
चाहे रूठ जाए संसार सब।
मुझे स्त्री ही स्वीकार करो,
नहीं देवी मुझे बनना है अब।

स्वाभिमान नहीं तो क्या जीना,
ये मान नहीं मैं तज सकती।

उम्र

जाती हुई उम्र को मैंने टोका,
कहाँ जा रही है तू
मैंने तो तुझे जिया ही नहीं,
उसने भी मुस्करा कर जवाब दिया,
मैं रुकती नहीं हूँ किसी के लिए,
तुझे चलना है तो मेरे साथ साथ चल।

बचपन आया फिर चल गया,
हमको तो जैसे पता ही न चला,
जब गुड़िया थी तो गुड़िया न मिली,
फिर मुझको ही गुड़िया बना दिया।

थोड़ा थोड़ा आगे बड़कर
यौवन का हल्का रंग चड़ा,
मेरा रंग थोड़ा निखर गया,
कपड़ों का भी फिर साइज़ बड़ा।

केवल मैं ही तो नहीं बड़ी,
संग में मेरी जिम्मेदारी बड़ी,
हर चौखट पर रेखा खिच गई,
मान मर्यादा की थी लाइन खड़ी।

आँखों में सपने पलने लगे,
मेरे साथ में वो भी बड़ने लगे,
सपने यूं ही नहीं मिल जाते,
सब राह में आके अड़ने लगे।

मैंने भी मन में ठान लिया,
चाहे कोई परिस्थिति आ जाए,
मन में निश्चय करके सोचा,
कुछ तो जीवन में पा जाए।

वो सपनों का राजकुमार नहीं,
सपनों का सौदागर होगा,
शर्तों से चलने वाला ही,
जीवन में हर हमसफ़र होगा।

सबकी शर्तों पर चल कर ही,
मैंने आधी उम्र गुजार दी,
कभी अपनी बात जो रखी मैंने,
वो सबको ही अस्वीकार थी।

अब लगता है अपनी शर्तों पर,
आगे का जीवन जीना है,
अब तक जीवन का जहर पिया,
अब इसका अमृत पीना है।

दुख किस किस बात का करे,
जब हमसे ही जीना ना आया,
ये सारे लोग क्या सोचएगे,
हर बार मन में यही ख्याल आया।

नहीं रोना पिछली बातों को,
आगे को खुल कर जीना है,
नहीं बड़ा कोई जख्म होता,
धीरे धीरे इसे सीना है।

आँखों पर चश्मा लगने लगा,
चेहरे पर हल्के दाग भी हैं,
यौवन तो अब भी बाकी,
पर यौवन वाली बात नहीं।

अब हमको साथ ही चलना है,
तू नहीं छोड़ना कभी मुझको,
और कहीं मैं रुकी अगर,
तू साथ ले चलना मुझको,

अब मुझे जीना है तुझको,
मुझे साथ चलना है तेरे,
तू साथ साथ चल मेरे,
और भीतर समा जा मेरे।

शिकवे

शिकवे भी हैं थोड़े तुझसे,
और थोड़ी सी नाराजी है,
खुशी इस बात की है फिर भी,
तूने मुझे बहुत कुछ दिया,
शुक्रिया ज़िंदगी तेरा शुक्रिया।

कई बार मैंने अफसोस किया,
मैंने चाहा कितना क्या क्या,
हर बार चली तेरी मन मर्जियाँ,
फिर भी हम करते हैं तेरा,
शुक्रिया बार बार शुक्रिया।

तूने मुझे बहुत कुछ दिया,
शुक्रिया ज़िंदगी तेरा शुक्रिया।

यहाँ लगे दुखों के मेले हैं,
भीड़ में भी लोग अकेले हैं,
गैरों कि महफ़िल में भी तूने,
हमको अपनों से मिला दिया,
इसलिए ज़िंदगी तेरा शुक्रिया।

तूने मुझे बहुत कुछ दिया
शुक्रिया ज़िंदगी तेरा शुक्रिया।

वैसे तो बहुत तू खूबसूरत है,
हर इंसा की तू जरूरत है,
खुशबू महकाती रहती है,
जैसे हो ताज़ा फूलों की डलिया,
मैं करती हूँ फिर से तेरा शुक्रिया।

तूने मुझे बहुत कुछ दिया
शुक्रिया ज़िंदगी तेरा शुक्रिया।

सवाल तेरे

ए ज़िंदगी तू क्यूँ इतने,
सवाल किया करती है,
फिर भी तू मेरा न कोई,
जवाब दिया करती है।

है याद नहीं तूने मुझको,
जाने कितना आजमाया है,
फिर भी तेरे हर निर्णय को,
मैंने हस कर अपनाया है,
लेकिन तू हर बार मुझे,
हैरान किया करती है।

ए ज़िंदगी तू क्यूँ इतने,
सवाल किया करती है।

कभी लगती तू सपनों जैसी,
कभी लगती तू अपनों जैसी,
पल भर में पराई होती है,
पल भर में दुख दे देती है,

हर एक कदम तेरा मुश्किल है,
हर बार व्यान तू करती है।

ए ज़िंदगी तू क्यूँ इतने,
सवाल किया करती है।

पहेली

ज़िंदगी तू एक पहेली है,
कभी दुश्मन कभी सहेली है,
कभी भीड़ है चारों और तेरे,
कभी भीड़ में भी अकेली है।

कितने रूप हैं तेरे जाने,
हम समझ ही नहीं पाए हैं,
कल तक जो अपने थे हमारे,
फिर क्यूँ आज पराए हैं।

कभी दुखों का सागर है तू,
कभी खुशी की बेला है,
हम सभी खिलौना हैं तेरे,
दो चार दिनों का मेला है।

गर ऊंचे सपने हैं तेरे,
कोई साथ न तेरे आएगा,
गर सपने पूरे कर डाले,
पीछे मेला लग जाएगा।

हर चेहरे पर एक चेहरा है,
नकली चेहरे पर मत जाना,
हर कदम संभल कर रखना तुम,
राह में ठोकर न खा जाना।

कभी लगती तू नीरस सी है,
कभी दुल्हन नई नवेली है,
नहीं समझना इसको आसान है,
हर सूरत इसकी अलबेली है।

हूँ स्त्री

हूँ स्त्री पर कमजोर नहीं,
मैं भी मानव कोई और नहीं,
जग की आधी आबादी हूँ,
है बोझ मेरे कंधों पर भी,
मैं किसी के सिर का बोझ नहीं।

तुम नहीं करो मेरी चिंता,
तुम ही चिंता का कारण हो,
हर बेटी खुल के जी पाए,
हमको ऐसा वातावरण दो,
मैं इस धरती की बेटी हूँ,
हूँ मैं कोई और नहीं।

है बोझ मेरे कंधों पर भी,
मैं किसी के सिर का बोझ नहीं।

मेरे जीवन के सब निर्णय,
तुम लोगों ने ही कर डाले,
जब भी मेरा एक पाव बड़ा,

तुमने लगा दिए हैं ताले,
उन में से कुछ अपने ही हैं,
हैं सारे वो कोई गैर नहीं।

है बोझ मेरे कंधों पर भी है,
मैं किसी के सिर का बोझ नहीं।

मुझे दिया गया दोयम दर्जा,
जो थी मैं मुझे नहीं समझा,
अहसान रहे सिर पर मेरे,
और सदा रहा मुझ पर कर्जा,
अहसान नहीं मुझको हक दो,
फिर देखो हूँ मैं कमजोर नहीं।

है बोझ मेरे कंधों पर भी,
मैं किसी के सिर का बोझ नहीं।

युग बीते सदियाँ बीत गईं,
पर अब भी कुछ नहीं बदला है,
पहले भी मैंने झेला था,
और आज भी मैंने झेला है,
कहते हैं सब कुछ बदल गया,
बस बदला मेरा दौर नहीं।

है बोझ मेरे कंधों पर भी,
मैं किसी के सिर का बोझ नहीं।

शिकायत

शिकायतों को छोड़ कर,
अवसरों की तू खोज कर,
मन से आलस्य को त्याग के,
लंबी तू लंबी दौड़ कर।

हैं ऊंचे नीचे रास्ते,
कांटे फैले हैं सब ओर,
पुष्प की भांति खिल के तू,
खुशबू फैला दे हर ओर,
लोगों की गिराने की योजनाओं को,
आगे आ कर विफल कर।

मन से आलस्य तो त्याग कर,
लंबी तू लंबी दौड़ कर।

हर ओर ही अवसर दिखेगा,
गर दूर दृष्टि से देखेगा,
एक बार में मोती नहीं मिलते,
कई बार तुझे जाना होगा,
उथले पानी मे नहीं पड़े,
मिलेंगे गहराई में जाकर।

मन से आलस्य को त्याग कर,
लंबी तू लंबी दौड़ कर।

यश अपयश को छोड़ कर,
तू लक्ष्य को अपने साध ले,
गर कोई साथी न मिले,
सपनों को अपने साथ ले,
सोने से कुछ नहीं होगा,
ये पूरे होंगे जाग कर।

मन से आलस्य को त्याग कर,
लंबी तू लंबी दौड़ कर।

कितना भी गहरा सागर हो,
तेरे मन से गहरा न होगा,
तू आँखों पर चश्मा सही पहन,
यहाँ झूठा हर चेहरा होगा,
चेहरे पर उनके मत जाना,
देखना तू मन में झाँककर।

मन से आलस्य को त्याग कर,
लंबी तो लंबी दौड़ कर।

तुम ऐसा क्यूँ चाहते हो,
कि पुष्प बिछे हो राहों में,
तेरा कोई कदम न रुक पाए,
चाहे कांटे बिछ जाए राहों में,
फिर सुख की बेला आएगी,
दुख के बादल को हटा कर।

मन से आलस्य को त्याग कर,
लंबी तू लंबी दौड़ कर।

उम्मीदों की मिशाल बन,
कुछ ऐसा कर दे जीवन में,
सपनों को पंख लगा कर के,
उड़ जा तू खुले गगन में,
तू खुले गगन का पंछी है,
सबको बता दे चिल्ला कर।

मन से आलस्य को त्याग कर,
लंबी तू लंबी दौड़ कर।

कई बार मनोबल टूटेगा,
पर नहीं टूटने तुम देना,
जीवन की हर परीक्षा में,
हर बार उत्तीर्ण तुम होना,

आनंद निराला पाओगे,
तुम सफलता पाकर।

मन से आलस्य को त्याग कर,
लंबी तू लंबी दौड़ कर।

गर तूने मन में ठान लिया,
कोई रोक न तुझको पाएगा,
कितना भी ऊंचा पर्वत हो,
एक दिन तो तू चड़ जाएगा,
झण्डा फहरा दे तू अपना,
उस उच्च शिखर पर जाकर।

मन से आलस्य को त्याग कर,
लंबी तू लंबी दौड़ कर।

लोगों की भीड़ से निकल,
तू भीड़ का हिस्सा नहीं,
सदियों तक जुवान पर रहे,
बन कर जा तू किस्सा वही,
तू एक वक्त का नहीं,
रहेगा तू यहाँ से भी जाकर।

मन से आलस्य को त्याग कर,
लंबी तू लंबी दौड़ कर।

मन में तू मन से झांक ले,
अपने हृदय को भांप ले,
लक्ष्य को ऐसे ताक ले,
स्वप्नों से नभ को माप ले,
संभव यहाँ पर सब कुछ है,
नहीं तेरी पहुच से बाहर।

मन से आलस्य को त्याग कर,
लंबी तू लंबी दौड़ कर।

कुछ सपने

आँखों में कुछ सपने लेकर,
हम घर से चल पड़े हैं,
द्रण निश्चय ले कर के मन में,
हम घर से निकल पड़े हैं।

कोई रास्ता है अपना सा,
कोई रास्ता नया है,
मंजिल भी है दूर मेरी,
हर ओर धुआँ धुआँ है,
पर कदम इन रस्तों पर,
मेरे फिर भी बढ़ रहे हैं।

आँखों में कुछ सपने लेकर,
हम घर से निकल पढ़े हैं।

जहां सपने हैं वहाँ नींद नहीं,
ये नींद भी मैंने खोई है,
तुम क्या जानो आँखें मेरी,
छुप छुप कर कितना रोई हैं,
हैं ख्वाब बड़े मेरी आँखों में,
जो कब से पल रहे हैं।

आँखों में कुछ सपने लेकर,
हम घर से चल पड़े हैं।

जिसको भी हमने प्यार किया,
दिलदार नहीं अपना निकला,
चाहे कितना अमृत पिला दिया,
हर बार जहर उसने उगला,
है कोई नहीं साथी पथ का,
हम अकेले बढ़ रहे हैं।

आँखों में कुछ सपने लेकर,
हम घर से चल पड़े हैं।

उनको कितनी तकलीफ हुई,
मैंने जो सपने पाल लिए,
कुछ भी तो नहीं मांगा उनसे,
फिर भी वे बाधा खड़ी किए,
नहीं कोई फायदा है उनका,
हमें फिर भी रोक रहे हैं।

आँखों में कुछ सपने लेकर,
हम घर से चल पड़े हैं।

साथी छूटे अपने रूठे,
घर पर भी कोई न बोले,
इसे तारे तोड़ कर लाने हैं,
कहकर के सब ताने बोले,
हम जितना आगे बड़ते हैं,
वो हमें पीछे धकेल रहे हैं।

आखों में कुछ सपने लेकर,
हम घर से चल पड़े हैं।

गर सूरज जैसा तेज नहीं,
दीपक सा जलती जाऊँगी,
तुम जितना तपाओगे मुझको,
हर बार निखर मैं जाऊँगी,
तुम सोच में पड़ जाओगे,
हम कैसे निखर रहे हैं।

आँखों में कुछ सपने लेकर,
हम घर से चल पड़े हैं।

ऊंचे पर्वत पर जाना है,
झंडे फहरा कर आना है,
सबको जाकर बतलाना है,
जो चाहा है वो पाना है,
न रुकना बातों में आकर,
हम खुद को समझा रहे हैं।

आँखों में कुछ सपने लेकर,
हम घर से चल पड़े हैं।

सागर में हैं ऊंची लहरें,
और छाया है तूफान घना,
मेरे कदमों को रोक सके,
नहीं ऐसा कोई तूफान बना,
हर उफान पार कर जाए,
हम ऐसी नाव बना रहे हैं।

आँखों में कुछ सपने लेकर,
हम घर से चल पड़े हैं,
द्रण निश्चय लेकर के मन में,
घर से निकल पढ़े हैं।

मैं अवला नहीं

अवला नहीं पावक बनो,
प्यारी नहीं घातक बनो,
जल जाए गर कोई छूए,
जैसे पदार्थ मादक बनो,

क्यूँ पावन धरती पर अपनी,
मेरा मान घटाया जाता है,
हर देवी भी एक महिला है,
यह पाठ भुलाया जाता है।

क्यू वस्त्रों को छूते हुए,
नहीं हाथ काँपते हैं तेरे,
निर्वस्त्र हुई यहाँ मानवता,
नहीं केवल उतरे वस्त्र मेरे।

न वाट करो तुम कृष्णा की,
खुद ही तलवार उठाओ तुम,
अब मेहंदी पायल को तज कर,
वीरांगना बन जाओ तुम।

तुम अपनी शक्ति को पहचानो,
किसी और को नहीं खुद को जानो,
है भरी ऊर्जा तुझमे भी,
खुद की रक्षक हो तुम मानो।

यहाँ कदम कदम पर काँटे हैं
हर जगह घूरती आँखें हैं,
नहीं खुद को तुम कमजोर रखो,
सीखो कृपाण कराटे हैं।

यहाँ धरती माँ भी लज्जित है,
क्यूंकी वह भी तो एक स्त्री है,
यहाँ हर देवी का मान घटा,
हर देवी भी तो स्त्री है।

माँ को लाल चूनर चड़ाते हो,
बच्चियों की आबरू लूटते हो,
क्या स्वीकार करेगी वो,
जो नारियल तुम तोड़ते हो।

यहाँ बात हो रही इज्जत की,
तो पक्ष विपक्ष की बातें हैं,
किसके शासन में क्या कर्म हुआ,
बस यही हमें बतलाते हैं।

जाने कितने भेड़िये घूम रहे,
चाहे अधिकारी या नेता हो,
दो चार प्रतिशत हैं ऐसे,
जो स्त्री को सम्मान देता हो।

यहाँ जात धर्म की चादर है,
तुम अपनी लाज स्वयं ही बचाना,
इस जात धर्म के झगड़े में,
किसी का शिकार न बन जाना।

अवला बनने का समय नहीं,
अब दुर्गा लक्ष्मीबाई बनो,
स्वाभिमान से बड़ कर कुछ भी नहीं,
हर कीमत पर स्वाभिमान चुनो।

जीवन एक संघर्ष

ये जीवन एक संघर्ष है,
है इसमे कोई दो राय नहीं,
लड़ते जाओ बड़ते जाओ,
सिवा इसके कोई उपाय नहीं।

यहाँ कदम कदम पर मुश्किल है,
नहीं मिलता कोई सच्चा दिल है,
नफरत फरेब बड़े सस्ते हैं,
हर चौराहे पर मिलते हैं,
अभिमान भरा है हर मन में,
आनंद नहीं है जीवन में,
छल और कपट की दुनिया में,
लोगों को मिलता न्याय नहीं।

लड़ते जाओ बड़ते जाओ,
सिवा इसके कोई उपाय नहीं।

जो भी आवाज उठाते हैं,
हर बार गिराए जाते हैं,
पर आवाज उठाना तुम,
नहीं लोगों से घबराना तुम,
नहीं अपना मार्ग भुलाना तुम,
सच्चाई पर बड़ते जाना तुम,
एक सत्य अटल है दुनिया में,
और इसका कोई पर्याय नहीं।

लड़ते जाओ बड़ते जाओ,
सिवा इसके कोई उपाय नहीं

होंगे नहीं तेरे मार्ग सरल,
मन भी होगा कई बार बिचल,
द्रण करके तू एक बार तो चल,
चल देंगे तेरे संग नभ तल,
गर तू ही छिन्न भिन्न हो जाएगा,
हर काम कठिन हो जाएगा,
आगे बड़ने का निश्चय कर,
है ज्यादा दूर तेरा गाँव नहीं।

लड़ते जाओ बड़ते जाओ,
सिवा इसके कोई उपाय नहीं।

हर बार बेड़ियाँ रोकेगी,
हर बार ये दुनिया टोकेगी,
कहते कहते थक जाएंगे,
हार मानेगे चुप जाएंगे,
इन बेड़ियों को तू पिघलाकर,
हथियार बना तू पैना कर,
संकल्प बना मन में ऐसा,
जिसे कोई तोड़ पाए नहीं।

लड़ते जाओ बड़ते जाओ,
सिवा इसके कोई उपाय नहीं।

गर मान गवा कर पाया कुछ,
न पाए यही अच्छा सचमुच,
संकल्प बना चट्टानों सा,
मन को तू रख बागानों सा,
जग में खुशियां बिखराता चल,
बहता है जैसे निर्मल जल,
सोना चांदी नहीं पाया तो क्या,
खुशियों से बड़ी कोई आय नहीं।

लड़ते जाओ बड़ते जाओ,
सिवा इसके कोई उपाय नहीं।

जाने कितनी ठोकर आएंगी,
कुछ पाठ सिखा कर जाएंगी,
हर गलती से कुछ सीखो तुम,
कोई कुछ भी कहे मत खीजो तुम,
अभी तो दूर तक जाना है,
आसमान भेद कर आना है,
थकना नहीं है रुकना नहीं है,
जब तक मंजिल मिल जाए नहीं।

लड़ते जाओ बड़ते जाओ,
सिवा इसके कोई उपाय नहीं।

ये जीवन एक संघर्ष है,
इसमे कोई दो राय नहीं,
लड़ते जाओ बड़ते जाओ,
सिवा इसके कोई उपाय नहीं।

आंधी तूफान

हैं आंधी हैं तूफान मगर,
मैं यूं ही बड़ती जाऊँगी,
तुम कितना जोर लगा लो पर,
मैं तुमसे न रुक पाऊँगी।

हैं जो भी अड़चने राह में मेरी,
वे सब एक दिन हट जाएंगी,
ऊंची नीची जो राहें हैं,
कब तक रोड़ा बन आएंगी,
मैं चाहे कितनी बार गिरूँ,
हर बार खड़ी हो जाऊँगी।

तुम कितना जोर लगा लो पर,
मैं तुमसे न रुक पाऊँगी।

सागर में हैं ऊंची लहरें,
और छाया है तूफान मगर,
नौका भी है टूटी मेरी,
हर और है एक नई डगर,

पर धीरे धीरे चल कर मैं,
तूफान पार कर जाऊँगी।

तुम कितना जोर लगा लो पर,
मैं तुमसे न रुक पाऊँगी।

मैं खुले गगन का पंछी हूँ,
ऊंची उड़ान मुझे भरना है,
कोई भी मुश्किल हो लेकिन,
जो सोचा है वो करना है,
नए पंख लगा के सपनों को,
पूरी उड़ान कर जाऊँगी।

तुम कितना जोर लगा लो पर,
मैं तुमसे न रुक पाऊँगी।

मत व्यर्थ करो तुम समय अपना,
मैं तुमसे नहीं रुकने वाली,
कर लो कोशिश कितनी भी तुम,
मैं तुमसे न झुकने वाली,
मनवा कर अपनी बातों को,
तुमको एक दिन मैं झुकाऊँगी।

तुम कितना जोर लगा लो पर,
मैं तुमसे न रुक पाऊँगी।

कितने झूठे हो तुम सारे,
कभी सत्य का साथ नहीं देते,
बड़ना जो कोई चाहे अगर,
नई बाधा पैदा कर देते,
कितनी भी बाधा या जाए,
मैं उसको तोड़ गिराऊँगी।

तुम कितना जोर लगा लो पर,
मैं तुमसे न रुक पाऊँगी।

काँटे तो बिछे हैं राहों में,
और घाव हैं मेरे पाव में,
सब ओर है फैली कड़ी धूप,
एक घड़ी नहीं छाव में,
मंजिल से पहले अपनी मैं,
एक पल आराम न पाऊँगी।

तुम कितना जोर लगा लो पर,
मैं तुमसे न रुक पाऊँगी।

साथी संगी कोई नहीं मेरा,
अकेला मुझको चलना होगा,
ठुकराए गर कोई मुझको,
खुद उठ कर के चलना होगा,
मुझे नहीं तमन्ना है उनकी,
खुद संभल कर चलती जाऊँगी।

तुम कितना जोर लगा लो पर,
मैं तुमसे न रुक पाऊँगी।

न सीमा मापों तुम मेरी,
ये सारी प्रकृति मेरी है,
बड़ने से मुझको रोक सके,
न ऐसी बनी कोई बेड़ी है,
हद की तुम अब न बात करो,
हर हद मैं पार कर जाऊँगी।

तुम कितना जोर लगा लो पर,
मैं तुमसे न रुक पाऊँगी।

हैं आंधी हैं तूफान मगर,
मैं यूं ही बड़ती जाऊँगी,
तुम कितना जोर लगा लो पर,
मैं तुमसे न रुक पाऊँगी।

खुशी

तुझे ढूंढते ढूंढते हम दूर निकल गए हैं,
ये पता भी नहीं कि कहाँ पहुँच गए हैं,
तू कहाँ छुपी बैठी है खुशी,
तुझे हम कब से ढूंढ रहे हैं।

तुझको पाने की कोशिश हम,
दिन रात किया करते हैं,
पर पता नहीं कर पाए अब तक,
तेरे पास आ रहे हैं या दूर जा रहे हैं।

तू कहाँ छुपी है बैठी खुशी,
तुझे हम कब से ढूंढ रहे हैं।

तू हमसे आँख मिचौली करती है,
फिर भी मुझसे क्यूँ जलती है,
घर मेरे क्यूँ नहीं रुकती है,
आजा हम तुझे दिल से बुला रहे हैं।

तू कहाँ छुपी बैठी है खुशी,
तुझे हम कब से ढूंढ रहे हैं।

कभी लगता है तू है पास मेरे,
कभी ढूँढे से भी न मिलती है,
मन में मेरे भी आजा अब तू,
हम तुझको ही पुकार रहे हैं।

तू कहाँ छुपी बैठी है खुशी,
तुझे हम कब से ढूंढ रहे हैं।

तेरा नाम

मैं तेरा नाम लूँ या तू मेरा नाम ले,
दोनों सूरत में बदनाम हम ही होएगे।

साथ अपना रहे या बीच राह में छूटे,
तुझको परवाह नहीं पर हम तो रोएंगे।

हम रातों को जग जग के बैठ जाते हैं,
पर तुम तो चैन की नींद सोएगे।

साथ चलने को तुम गर मना भी करो,
हम फिर भी तुम्हारे पीछे आएंगे।

चाहे जाने को तुम हमसे मुह से कहो,
हम फिर भी यहाँ से नहीं जाएंगे।

वादा अपना निभाओ या तुम तोड़ दो,
हम वादे पर अपने अटल रहेंगे।

मैं तेरा नाम लूँ या तू मेरा नाम ले,
दोनों सूरत में बदनाम हम ही होएगे।

मेरा गाँव

मेरा गाँव बदल गया है,
कुछ लोग बदल गए हैं,
कुछ माहौल बदल गया है,
मेरा गाँव बदल गया है।

सब चौपालों में सोते थे,
न घर में ताले लगते थे,
रातों को बातें करते थे,
सब एक दूजे की सुनते थे,
अब सब लोगों का एक साथी,
मोबाईल बन गया है।

मेरा गाँव बदल गया है।

सुख दुख में शामिल होते थे,
उत्सव में शामिल होते थे,
किसी एक के घर का उत्सव हो,
काम में सब लग जाते थे,
नए कपड़े पहन के आने का,
अब फैशन बन गया है।

मेरा गाँव बदल गया है।

सबकी बेटी अपनी सी थी,
वो पूरे गाँव की इज्जत होती थी,
शादी होने के बाद वो,
मेहमान पूरे गाँव की थी,
आदत भी बदली है अब तो,
नजरिया बदल गया है।

मेरा गाँव बदल गया है।

मुझे पुराना गाँव चाहिए,
जहां सब ओर हरियाली थी,
सब तो अपने से लगते थे,
न बात परायों वाली थी,
घर नए नए बन रहे हैं,
सब जंगल काट दिया है,

मेरा गाँव बदल गया है।

आजादी

पूरा देश मना रहा है अमृत महोत्सव,
जाने कब आएगा ऐसा दिन,
मेरे देश के हर एक कोने में,
जब होगा हर घर में उत्सव,

हो गए अब तो आजादी के 75 साल पूरे,
क्या अभी भी नहीं आजादी के सपने अधूरे,
क्या अभी भी नहीं है बहनों को आबरू का डर,
क्या हर बच्ची है भय मुक्त और निडर,

क्या हर किसी को है आज भी पढ़ने की आजादी,
क्या अभी भी है सबको आगे बढ़ने की आजादी,
महिला आज भी क्यूँ है केवल भोग का साधन,
कभी मान बढ़ाने तो कभी मान घटाने का साधन,

कहीं आज भी बेटी जलायी जाती है,
कभी बच्चियों की आबरू लूटी जाती है,
केवल जात धर्म के नाम पर ही,
उनकी फाइल दबाई जाती है।

क्या यही है मेरा सपनों का भारत,
क्या इसीलिए पाई थी आजादी हमने,
अंग्रेजों से 200 सालों तक लड़ कर,
या भूल गए हम मिली ये क्या क्या खोकर।

अंग्रेजों से हमको आजादी मिल गई,
पर अब भी मन की आजादी बाकी है,
जितना मिला है अब तक हमको,
वो हमें नहीं लग रहा काफी है।

www.ingramcontent.com/pod-product-compliance
Lightning Source LLC
La Vergne TN
LVHW091122150826
845673LV00002B/938